這一切都幫助我找出
回到這世界之真正意義。……
神學即以神的眼光看世界，
或許我得到這個機會，
可以更多依着
神學上的認識去生活，
並且幫助別人，
好叫他們不用被路過的
貨車的後視鏡碰倒，
也能這樣生活。

——盧雲——

靈修著作精選｜盧雲系列｜

鏡外

生死之間的省思

盧雲著／羅燕明譯

基道出版社

▼

靈修著作精選 • 盧雲系列

鏡外

生死之間的省思

Beyond the Mirror

Reflections on Death and Life

作者
盧雲 Henri J.M. Nouwen

譯者
羅燕明

責任編輯
張小明

裝幀設計
伍愛清

■

出版／發行
基道出版社
香港沙田火炭坳背灣街 26 號富騰工業中心 1011 室
LOGOS PUBLISHERS
Unit 1011, Fo Tan Ind. Centre, 26 Au Pui Wan St., Shatin, Hong Kong
電話：(852) 2687-0331　傳真：(852) 2687-0281
網址：http://www.logos.com.hk

承印
陽光印刷製本廠

●

5/1992 初版　6/1993 二版　5/1999 三版
Cat. No. LP718-3A
ISBN-10: 962-457-017-5
ISBN-13: 978-962-457-017-5
Original Edition "Beyond the Mirror: Reflections on Death and Life"
Published by Crossroad

刷次	13	12	11	10	9	8	7	6	5	4
年份	2024	2023	2022	2021	2020	2019	2018	2017	2016	2015

目錄

盧雲系列

這本書是有關一件意外的屬靈故事，那是我親身遇到的意外。我把它記下，是因爲我別無選擇。這次意外把我送到死亡的關口，亦領我進到經歷神的新領域，而我的職事是要隨時隨地宣揚神的同在，如果不把這次經歷寫出來，便是不盡責了。在尋找神這條路上，我十分倚重書籍與文章，但是，最能向我顯示出神聖奧祕的，卻是日常生活裏的各種干擾，同時，我亦是那奧祕裏的一分子。

在熙篤會* (Trappist) 修道院靜修的一段長長日子，打斷了繁忙的講學生涯；家母的遽然辭世，打斷了我與家人最深厚的聯繫；拉丁美洲貧苦的衝擊，打擾了北美頗爲舒適的生活；一個去與弱智人士共同生活的呼召，就中止了學術生涯；一段深厚友情的破裂，也中止了感情上安全感的增長——種種事故叫我捫心自問：「神在何方？誰是我的神呢？」這種種干擾反而自成種種機會，讓我能夠超越日常生活格式，尋找到更深入的聯繫，它比較先前所擁有的身心靈三方面的幸福保障更深入。

*編按：天主教其中一派，尚苦修，禁言語。

每一次干擾都讓我以新的方式，去看自己在神面前的身分；每一次干擾都從我身上取去些甚麼；每一次干擾也向我提供了一些新事物。凌駕於教學成就的，是獨處中的內在平安與羣體生活；超乎家母與我的聯繫的，是神的母性的同在；遠在北美舒適生活之上的，是神在玻利維亞和祕魯兩處地方的兒女的笑臉；尤勝過教學事業的，就是在心靈與肉體皆破碎了的人之中，觸摸神的這份天職；比一段滋潤人心的友情更優異的，就是我全心全意的與神親密交流。簡而言之，凌駕於衆多塑造優質生活的「社交安排」之上的，是種種與神相處的機會，祂是亞伯拉罕與撒拉、以撒與利百加、雅各、利亞與拉結的神，耶穌的天父，祂的名字是愛。

這種種呼召我「超越」的岔子催逼我寫作。首先，純粹是因爲寫作似乎是惟一的途徑，叫我不會因爲那些既嚇人、又常甚具摧毀性的岔子灰心喪膽，反而一面緊靠着心靈深處的自我，一面從熟悉地方過渡至陌生地。寫作能幫助我在喧嚷混亂中，仍保持幾分聚焦能力，好叫我在一大堆叫人分心的噪音中，能分辨出神的靈微小的導引聲音。但是，我總仍有第二種動機。不知何解，我相信寫作是一種方法，叫我微小而且轉瞬即逝的生命中的創痛與恐懼，也能夠顯露出一些擁有永恆價值的事物來。每次當生命促使我向陌生的靈程境地踏出新一步時，我就感到內心有一股衝動，要把我的故事告訴別人——我可能是需要友誼，但也許是因爲我認識到自己最終的職責，是要見證神容許我瞥見祂的那一眼。

我在路旁想搭便車時，被一輛客貨車碰倒，之後不久，還面臨死亡，我就有一個比以前任何時候都更强烈的感受，覺得當時所度過的一切，亦是要爲着別人而經過的。既然恢復了健康，我便可以講講自己的故事，我覺得這次的干擾——可能是最後的一次——使我對神的認識進到一個新境地，與我一直以來所認識的迥異。因此，我比以前更强烈的感受到，需要把這經歷寫下來，簡潔地敍述這個我不能獨自擁有的知識。

有些弟兄姊妹害怕想及那逐漸臨近的死亡，又或想及之時便害怕顫抖，常常心緒不寧，故我希望，亦祈求，這次向鏡外那一邊的匆匆一瞥，能夠爲我的弟兄姊妹帶來安慰與盼望。

意外

在一個陰暗的冬日清晨，自一輛客貨車駛過，而它的後視鏡碰倒了我，把我拋跌在路旁地上的時刻開始，就有兩件事清晰地留在腦海中。我馬上知道自己踏上了一條不歸路；我並不知道自己的傷有多重，然而卻悟到某些舊事已經終結了，而一些新的事物，雖然仍未知是甚麼，卻快要冒出來。

我躺臥在交通繁忙的路邊，大聲呼叫求救，就在被撞那一刻，我已經知道，這一次並非純屬意外。過後，我還清楚看出，整件事是多麼可意料到的，又有着意義的，並且是奧妙地安排好的。在那一刻，我主要關心的是幫手會否到來，但是，就在我臥在路旁當兒，我意會到某些異常「好」的事正在發生。

那個星期十分忙，充塞着瑣碎工夫，沒甚麼是特別重要的，卻用盡了我每個小時，令我相當困倦，還有點兒煩躁，我似乎找不着丁點兒空間去與自己心靈深處的源頭接觸。不過，有一件事是例外的，就是我受託去幫助仕富，每天早晨照料他上學。仕富是個十四歲華裔男孩子，嚴重傷殘。平日是拿單和拓德照顧仕富的，但他們去了退修會，所以我欣然答應代替他們工作。其實，我慶幸有機會接觸仕富。仕富雖雙目失明，不會說話，不能行走，身體嚴重畸型。然而他充滿了生命力，充滿了愛，以致與他一起時，我反而得着幫助，接觸到那使生命如許滋潤的事物。替他洗澡、刷牙、梳頭髮，又在他摸索着用調羹放食物進口時，帶一帶他的手，這一切都營造了一股安全的親切感、一份寧謐的聯繫、一刻眞實的平和——差不多像默想的時間。星期一、二、三，一連三天早上，我已經和他照着他日常生活規則度過，而我期待着再與他共處。

仕富住在烈治蒙山 (Richmond Hill) 市中心一家所謂「隅舍」(Corner House)，離我住處只有五分鐘車程。那個星期四清晨，我很早起來，憑窗外望，但見地面結了一層閃亮的冰。明顯地，實在不可能從屋子駕駛半英里路車到楊街 (Yonge Street) 去。

那條泥巴路如今只宜溜冰，不宜駕駛，駕車只會駛進溝裏去。

正要出門之際，我的友人，素，剛好正要祈禱，她向我說：「不要駕車去了，簡直沒可能。」我說：「不，不，我走路去。現在只是六點鐘，我會輕易地在七點前到達那裏。」素回答說：「亨利，不要去。太過分了！掛個電話去隅舍吧，他們會替仕富想辦法的。」那一刻，我十分抗拒要我放棄這份心愛的差事。素再說：「別去了。」但我堅持着：「我做得來的，一定的。」於是我便出門，開始在蓋着冰的路上，拖着腳步走向楊街。路很難走，我曾滑倒一次，整個人仆跌在地上。不過，我一路向自己說：「繼續前進，你會去到的，不要讓一點兒冰雪成爲阻礙。」到了那時，我不再純粹是因着服侍，而是因着一股想表現自己足以完成一件小事的欲望，加上一個更强的欲望——最少在這星期不要讓別人搶去仕富，而竭力向前。

走到楊街，原來花了十五分鐘。過了馬路，走到另一邊後，便開始向南朝烈治蒙山走。走着走着，漸覺十分不安，因車輛如流水疾馳而過。雖然馬路看來沒有結冰，但是馬路旁的路肩 (shoulders) 仍然十分危險。一路上，我不時被絆倒，每每差點兒便跌在地上。當我到達一個加油站時，原來已過了六時半，心知一定不能在七時抵達隅舍的了。

就在那一刻，一輛載着兩個人的小型貨車剛好駛進油站來。我決定向他們求助。我敲敲貨車窗，坐在裏面的人搖下車窗時，我說：「早。可否載我一程出市中心去呢？我必須在七點前到那裏，但路肩上結滿了冰，我恐怕走路一定趕不上，但車子三分鐘便可到了。」駕車的人靠過來向我說：「不，我們幫不了你，我們剛來到開鋪，沒有時間。」我決定再試一次：「慢着，只是幾分鐘吧了。走在鋪滿了冰的路上，我眞有點怕。請你們幫個忙吧！不會阻你們太多時間的。」但是，答案仍是一樣：「很抱歉，我們沒有時間。」我開始感到怒火上升，還有一股莫名的欲望，想要勉強兩人載我一程。於是我說：「我眞的一定要趕到那裏的（我用手指着那裏，你們看到那教堂的鐘樓吧？如果你們不幫我，便去不到的了，現在這裏又沒有別人需要你們。」駕車的人開始把貨車倒後駛進停車處，他說：「對不起，我們沒時間，要開鋪了。」此時，另一人搖高車窗，不理會我。突然間，我感到非常憤怒，這兩個陌生人成爲了我的敵人。我感到一陣憤慨，是的，甚至是狂怒，從我裏面一處深沈黑暗之處湧起。我被人誤會了、推到一旁、拒絕了、遺棄了，類似棄兒的感受漫過我身。轉身上路，沿着路肩走，我明知應小心，但卻沒有。我舉步爲艱前行，身旁一輛又一輛汽車亮着眩目的車前燈疾駛而過。此際，我決心要準時到達，我要讓那兩個人看到，沒有他們我也可以做得到，我其實並不需要他們，還有其他人會比他們更有愛心，而且，歸根究柢，我是對的，他們是錯的。

走向交通要道後，我面向迎面而來的車前燈，舉起右手，指向烈治蒙山市區。一輛又一輛車子從晨霧中出現，不顧而去。當想及這些男女，舒適地駕駛着空車上班去，我非常惱怒，開始猜想，爲何好像沒有人注意到我，也沒有人想停下來載我一小段路——那是我極需要的。那兩個敵人已化成無數的人。

一個模棱兩可的意念盤據在我心中。一方面，心中清楚明白，處於此時此地，期望路過的駕車人士見到我，體會到我需要幫忙，然後停下來，載我出市區，簡直是不切實際的，倘若在這個冰封的清晨六時半駕車上班的是**我**，肯定也無能爲力。縱使如此，另一方面，心內同時還存着激憤，愈來愈覺得被人家拒棄，內心在尖喊着：「爲甚麼你們全都一駛而過，漠視我的請求，讓我孤零零的留在路旁？」我洞悉到自己期望的荒謬，然而這個洞察，跟那奇異的憤怒，卻彼此縱橫糾纏着。

終於，我認定到達隅舍的惟一途徑便是步行，此時，時間一分一秒的過去了，我已無法在七點前到達仕富那裏。我因而既惱怒，又困惑，亦緊張不安，更感到非常非常愚魯，就此直奔楊街。我聽到素的說話：「亨利，太過分了……」

然後，意外發生了：有某樣物件碰倒我、一陣莫名而陰沈的聲音通過全身、背後劇痛、搖搖晃晃、摔倒在路旁、試着呼喊。我發覺自己在想：「撞倒我的司機有沒有留意到我呢？抑或他若無其事駛離了？」但是，另一個更深更强的意念湧出來：「一切都改變了，我的計劃再也不算得是甚麼一回事了。眞可怕，眞痛……然而，也可能是非常好的。」素的話仍在：「太過分了，眞的太過分了。」隨後，甚麼也沒有了，只剩下我一個……無助地躺在路旁。那無能爲力的感覺、完全失了控制的感受，並沒有嚇怕我。我覺得好像有一隻强壯的手截停了我，强逼我進到某種必要的降服境地。

躺在那處時，我曾經嘗試引起加油站那兩個工人的注意，然而，他們實在太遠了，根本沒可能留意到我。跟着，大出意料之外，一個青年人向我奔來。他彎腰對我說：「你受了傷，讓我來幫你吧。」他的聲調十分柔和友善，有若守護天使。「一定是駛過的車子碰倒了我，」我說：「我甚至不知道司機可有察覺。」「那人就是我，」他回答說：「我右面的鏡子碰倒了你，我停了車來幫你……你能站起來嗎？」「可以，我想我能，」我說，仗着他的幫忙，站了起來。「小心，」他提醒說：「要十分小心。」我們一起走向加油站。「我叫亨利，」我說。「我叫莊，」他回答說，「讓我替你召救護車來。」我們走進加油站，莊扶我坐到椅子上，便抓起電話。那兩個加油站服務員站在遠處觀望，但沒有說甚麼。過了一會兒，莊有點不耐煩。「救護站電話總是不通，我還是自己載你去約克中央醫院好了。」他去把貨車駛過來時，我掛了個電話給素，告訴她一切。不多時，我們已在路上，望出右面窗外，看着那面扭曲了的鏡子，我才知道自己給撞得多厲害。明顯地，莊受驚不淺。他問道：「你爲甚麼站在馬路邊呢？」我不想解釋太多，只說：「我是個神父，住在爲弱智人士而設的團體裏，我正在前往團體的一所宿舍工作。」他帶着顯著的、震驚的聲音說：「啊，我的天，我撞倒了一位神父。噢，我的天哪！」我喜歡莊，還試着安慰他一下：「我眞的感激你送我去醫院，待我好一點時，你一定要來看看我們的團體。」「好的，我也想看看。」他說，然而，他的思想已經飛到不知哪裏去了。

我們一抵達醫院的急症室，就被護士、醫生、一名女警、問話、入院表格、X光照片包圍着，人人都極端友善、效率高、能幹、率直。看X光照片的醫生說：「你斷了五根肋骨。我會留你在這裏一天，然後放你回家。」接着，料不到出現了一張熟悉的臉孔，是我的普通科醫生，白莎德醫生。眞奇怪她那麼快便來到，見到她，叫我深感自己已落在穩妥的手裏。然而，就在那一刻，我開始感到非常不適，暈眩想吐，卻吐不出。我留意到身旁的人有些震驚，幾分鐘後，我了解到自己的景況比想像的差很多。「內臟有出血，」白莎德醫生說：「我們必須密切注意你的進展。」

經過無數測試、管子接駁和會談之後，我被送進了深切治療科。莊已經走了；素因爲冰封了路不能出門，便致電我們團體的一個叫羅彬的成員，請他來看我。他來過，接着就離去，把一切告訴其他人。如今，我才能夠完全接受眞相，我傷得十分重，甚至有生命危險。面對死亡的可能性，我悠然悟到路過的貨車那面鏡子，已逼使我以全新的眼光來看自己。

除了因短暫的小病外，我從來沒有住過醫院。但是如今，突然間，我成了眞眞正正的病人，要全然依賴周圍的人，沒有別人幫我便甚麼也做不來。那些插入身體各處的管子，靜脈注射的、輸血的、監聽心臟的，在在證明我已變成眞的「被動」了。我深知自己性格非常缺乏耐性，又喜歡控制掌握一切，已預料到這個新景況會令我極端沮喪。然而，事情剛好相反，躺在兩邊都拉上欄杆的病牀上，我卻覺得很安然。儘管劇痛難當，我卻感受到完全意料之外的安全感。醫生和護士做每件事之前都先向我解釋清楚，告訴我所注射的藥物名稱，預先提醒我會有甚麼痛楚，並且表明他們對果效之信心或疑慮。接受超音波掃描的時候，護士讓我看脾臟呈現在熒光屏上的樣子，還指出那處受了傷，極可能在出血。另一個護士給我注射德美羅*(Demerol)，好減輕痛楚和助我入睡，她說：「這藥只生效兩小時，然後你又會感到痛，但要再等一小時，我才能替你注射第二針。」這種率直、坦白、友善、穩健

*編按：一種鎮痛藥名。

作風，清除了我的疑慮，亦加强了我應對這種局面的能力。不錯，我知道自己差不多沒命了，但是，我已是處於好得不能再好的地方。愛心與能幹的結合，除掉了我的恐懼，最要緊的是，這些人，我一個也不認識，他們也不認識我，卻以如許尊嚴和敬重待我，單單這一點，已令我覺得十分安然。我要全然倚賴他人，然而人人都視我爲一個明智的成年人，沒有隱藏甚麼祕密。我要知道的，他們都讓我知道，如此，我對自己的身體保持完全的主權。我從不覺得有甚麼關於我的判斷或決定，是我沒有分兒參與的。這給予我一份深厚的歸屬感，是的，甚至是賓至如歸的感覺。在我衆多能意識到的記憶中，並沒有多少次是如此完全被人照顧着，而同時又被人如此認眞看待的，或許正是這一切，令我充滿了一種深切的安全感。

不久，素來看我，隨後的日子裏，她便是我和外界的主要聯繫。她把我和黎明之家團體重新聯繫上，向我述說友人的關懷，保證他們爲我禱告，還不時向我報道家中日常各項瑣事。她頻頻造訪，叫我甚感安慰。我們談話甚少，禱告卻多，並大部分時間靜默不言。

我說這一大堆話，是要說明爲何死亡沒有嚇怕了我。我知道脾臟仍在出血，情況危殆，但我沒有讓恐慌、悲痛、恐懼，或是煩憂淹沒了。我對自己的反應也感意外。以往多次，我曾經歷過內心極大的悲愴和混亂；我曾經歷過被人排斥和遺棄的極度痛苦感受；亦嘗過叫人癱瘓之懼怕與恐慌，這些往往都只是小事所引發的。我曾經因着他人、因着未可料的勢力而害怕。我自知是個十分緊張、神經過敏及焦躁的人，可是如今，面對着死亡，我卻只感到平和、喜樂，以及那無處不在的安全感。

22 鏡外

外科手術

星期五一早，再經過一連串測試之後，外科醫生班斯說：「你的脾臟仍在出血，必須切除。」「甚麼時候？」我問道。他說：「手術室一有空便做。」沒多久，白莎德醫生來看我。我再度感到死亡的威脅，於是向她說：「如果我已瀕臨死亡的話，請讓我知道，我眞想預備好才面對死亡，我並不怕死，但是擔心自己會毫無準備地離世而去。」她回答說：「就我所知，你眞的沒有死亡的危險。不過我們必須止血，所以一定要切除脾臟，幾個月後你便會沒有大礙的了，失去了脾臟也一樣可以活得很好的呀。」

白莎德醫生十分坦白直接，把一切都告訴我，但我自己卻總是覺得很有可能會死，並且應該在死前爲自己、爲友好作一個準備。在我心靈深處的某部分，我覺得自己的生命十分危殆，就此，我讓自己溜進了一處從未到過的地方——死亡的大門。我想認識那地方，在它「四周走走」，準備今生之後的生命。這是有生以來，首次自覺走進這個明顯地恐怖的地方；第一次展望一個可能是全新的存在形態。我試着放下熟悉的世界、自己的過往、友好、計劃，我竭力不回顧過去，只向前望，且不住地望着那扇門，它或許會向我敞開，展示一些我前所未見的事。

我那一刻的經歷是前所未有的：純潔無條件的愛。更美妙的是，我感受到的是一種强烈的人格化的臨在，這臨在足以把所有恐懼都推到一旁，並且向我說：「來，不要怕，我愛你。」這是一種十分溫柔、毫不定罪的臨在；這臨在只是單單要我信靠，且是全然的信靠。我有點遲疑，不敢單純地說那是耶穌，因爲我主要關注的是，耶穌的名字或許未能喚起我所經歷的那完滿的神聖臨在，那同在並不是一股溫暖的亮光、一道彩虹，或所目睹的一扇敞開的門，卻是既有人性、又有神性的臨在——召我走近點，和放下一切恐懼。自從我在雙親、友好和老師身上認識耶穌以來，我一生都努力嘗試跟從祂。我曾用上無數小時浸淫聖經、聽演講、聽道、讀屬靈書籍。耶穌與我曾十分親近，卻同時十分遙遠；祂是我的朋友，卻也是陌生人；祂是盼望之源，卻又叫我恐懼、罪疚、羞愧。然而此刻，我在死亡大門周遭徘徊之際，一切不明確的、無把握的都消失了，祂就在那裏，我生命的主在說：「來，到我這裏來。」

我十分實在地知道祂是爲我而來的，但是，我也知道祂正擁抱着整個宇宙。我知道，眞的知道，祂就是耶穌，我曾經向祂禱告，也曾向人述說祂的作爲，然而，我亦知道，這一刻，祂並不是要我祈禱或說些甚麼。一切都安好，總括這一切的字眼就是**生命**與**愛**。然而，這些字詞都化成了實體。生命與愛如許親密地包圍着我，以致死亡也喪失了勢力、退縮了，我有若在越過海洋，而波浪都全給捲去了一樣。我被安穩地抱着，朝對岸前進。一切嫉妒、怨懟、憤怒都給柔和地挪開了，我得見愛與生命比一直憂心忡忡的所有勢力，都更偉大、更深邃、更堅實。

我有一種特別强烈的情緒，那就是歸家的感覺。耶穌爲我打開家門，還好像在說：「這就是你所屬的地方。」祂曾向門徒說：「在我父的家裏，有許多住處……我去原是爲你們預備地方去。」（約十四2）這話漸變得十分眞實。復活了的耶穌，如今住在父家，正在歡迎我這個剛走完一段悠長旅程的人歸家。

這正是我最長久、最深遠的想望得以實現的經歷。打從最初有意識那一刻起，我便想望着與耶穌一起。我如今具體地感受到祂的同在，就有若我的一生已聚合起來，並整個人被愛擁抱着。這次的歸家眞有歸回的特質——回到神的腹中。這位神曾在暗中造我，在地的深處陶造我，在母腹中縫造我，在我歷盡風塵後，召我歸回，並且要接待我，就像接待一個重拾童眞、足以像小孩一樣被他人愛惜的人。在此，我只是爲自己說話，單純地相信在面對死亡之時，我有一個十分淸楚的景象。

不過，我對這歸家的呼召仍然有抗拒，素某一次來探我時，我也曾向她提及這事。最教我不想死的是感到還有未竟之工，以及與一些人（現在共住或曾經共住過的）之間未解決的衝突。我心中那份不能饒恕他人的痛苦，仍促使我抓着負傷的生命。在心靈的眼中，我看到一些男男女女，他們足以引發我內心憤懣、嫉妒，甚至憎厭等種種感受。他們有奇異的力量鉗制着我，可能他們永不會想起我，但是每一次想到他們，我便失去心中一些平安和喜樂。他們的批評、排擠、不屑的表現，仍然影響着我對自己的觀感。因爲自己一直沒有打從心底眞正原諒過他們，我就給這些人鉗制我的力量，把我鎖在過去破碎的生命裏。我亦知道仍然有人生我的氣，他們一想到我，一提起我，便不能不充滿敵意。我可能甚至不知道自己做過甚麼，或說過甚麼，我可能甚至不知道他們是誰，他們不曾原諒我，卻在怒中死抓着我不放。

面對死亡之際，我醒悟到令我抓着生存不放的並非愛，卻是未平復之怒氣。愛——自我內裏流出的和迎我而來的眞愛——釋放了我，叫我能面對死亡。死亡不能消除那愛，相反地，死亡只會深化、强化那愛。我深愛的人，和那些深愛我的人，會爲我的死而悲痛，然而他們與我之間的聯繫只會加强、加深。他們會憶記着我，視我爲他們的一分子，從而在他們的人生路上，與我的精神同行。

不，眞正的掙扎並不是因爲要離開摯愛親友，眞正的掙扎乃是因着要留下那些自己還未原諒的人，以及那些還沒有寬恕自己的人。這等感受令我緊緊依附舊有的身體，也給我帶來極大的憂愁。忽然間，我有股强大渴求，要把所有生我氣的人，和我惱怒的人，都請來病牀旁，好讓我能擁抱他們，請求他們寬恕我，也奉上我的原諒。我想着他們，才恍然大悟，他們正好代表着一大堆的見解、批評，甚至譴責，這一切一直逼使我成爲這個世界的奴隸。我的大部分精力都像在向自己證明，我的信念是對的：有些人確是信靠不過的；有些人在利用我，或想把我推在一邊；而且一大羣、一大班人都是不知所謂的。如此，我不斷抓緊這個幻象，以爲自己注定了要負責評估及審判人類的行爲。

我愈覺得生命衰竭，愈深深渴望原諒別人和得着寬恕，放棄一切評價和成見，從判斷人的重累下釋放出來。我向素說：「請告訴所有傷害過我的人，我從心底原諒了他們，也請所有受我傷害的人寬恕我。」我說了這話之後，心中有一種感受，有若以前在軍隊裏以上尉之銜作隨軍神父時，脫下那些寬大的皮帶一樣。我不但把皮帶束在腰上，也把它們搭在胸前和肩頭，交叉而過。皮帶給我帶來威望與權力，也鼓勵我判斷別人，把他們區分。雖然從軍日子很淺，但內心卻從沒有眞正完全脫去那些皮帶。然而，現在我知道自己不想在這些皮帶的捆綁下死去，我要棄絕權勢，解除皮帶，完完全全脫去判斷別人的枷鎖，才安然離去。

在這一段時期中，我最擔心的是，我的死或會令一些人感到歉疚慚愧，或是叫他們的靈命停滯不前。我恐怕有人會說，或是會想：「但願曾有機會解決彼此的衝突，能夠說出我眞正的感受，表達我眞實的意圖……甚願有，但如今已太遲了。」我知道，在這些未說的話和收起了的表示下過活，實在是苦澀的。這些悔疚令我們內在的黑暗更形惡化，成爲了充滿愧疚的負累。

我了解到，我之死亡對別人是好是壞，全繫於我在死亡面前的選擇。我向素說：「如果我死了，請告訴每一個人，我極愛每一個認識的人，還有所有曾經和我起過衝突的人。告訴他們不用感到焦慮或是歉疚，只要讓我進入天父的家，並相信在該處，我與他們之間的相交會變得更深更强。請他們與我一同慶祝，爲神賜了給我的一切而感恩。」

我能夠做的就是這些了。素全心全意聽了我的話，我知道她會叫我的話語結果子。她以極其溫柔的目光看着我，讓我了解到一切都安好。從那一刻起，我將自己完全交託給耶穌，覺得自己好像小雞，安全地躲在母雞翅膀底下。由於我意識到苦惱——想得着的愛卻不能得、最想施出的愛卻不能送出，以及受排擠、被拋棄的感受所形成的苦惱——皆已終結，所以就有這安全感。這次大量流失的血，正好成爲這許多年來困擾着我的苦惱之隱喻。苦惱亦要從我體內流出，然後我才會認識到一直以來一心追求的那份愛。耶穌把天父的愛賜給我，這是我最渴想的愛，也是能令我獻出所有的愛。耶穌自己也曾苦惱過，祂了解到不能施予最看重的、或接收最看重的痛苦。然而，祂度過了苦惱的生活，抱着一個信念，就是那位差祂來的天父，永遠不會離棄祂。如今，耶穌就在那裏，超越了所有苦惱，呼召我到那「另一國度」去。

耶穌的母親，馬利亞，也在那邊，但是她並不如耶穌那般近。她好像想留在幕後：開始時，我全神貫注於耶穌確實的臨在，以致沒有想到馬利亞；然而回想起來，我知道她在那裏溫柔地目睹着我的心與耶穌的心相遇。我多時禱告說：「聖母馬利亞，爲我等罪人，今祈天主，及我等死後，亞孟。」我意識到「今時」與「死後」已二而爲一，雖然我沒有留意她，也知道她在那裏。劇痛叫我不能開聲禱告，也不能多思想。但每當護士把木製的念珠放在我手中時，我便感到安慰。我能做的只是撫摸着這串念珠，但似乎單單這樣做便是禱告。沒有說甚麼話，沒有想出甚麼意念，單單只是觸摸。

當護士推我進手術室，把我雙臂張開繫在手術檯上時，我內心極其平安。我環顧他們戴上面罩的臉孔之時，認出白莎德醫生來，我沒有想過她會在場，但見她在便很高興。這使我有被熟知和得着好照顧的感覺。與此同時，我在猜想他們會怎樣痲醉我，於是我開口問，護士便說會替我注射。她隨即給我一針，那就是我記得的最後一件事了。

幾個星期後，白莎德醫生才告訴我手術期間的情形。「我一見到脾臟在積血中，有若一個小島浮着時，就不敢肯定你能否過得了這次手術。你差不多失去了全身三分之二的血，我們不知能否讓你活着出來。不過班斯醫生止了血，又切除了脾臟，救了你一命。」顯然手術醫生班斯或是白莎德醫生，都沒有從測試報告中看出失血之嚴重程度。送我回深切治療科時，曾經參與手術的人都認爲我差點便一命嗚呼。我從痳醉藥醒過來不久，其中一個護士說：「喔，你應該謝謝祂。」我以爲她指班斯醫生，然而經我一問，她說那是指神而言。

復元

手術後那幾天，我開始發現不死漸愈的意義是甚麼。雖然素和很多來探望我的人都因我脫離危險，看來亦不錯，顯得非常歡樂和感恩，我卻要面對一個簡單的事實：我回到了這個世界，而我曾自這世界釋放出去。我因爲仍然活着而高興，但是想深一層，我有點不解，猜想着爲甚麼耶穌還沒有召我回家。不錯，回到友人身邊，我是快樂的，但我仍要自問，爲甚麼回到這「塵世」會是更適合的。我爲着能夠與家人、團體共處多一些時日，深深感恩，不過，亦明白到在世上多活一天，便等於多點掙扎、多點痛苦、多點苦惱、多點孤獨。對衆多因我得痊愈而表示的感激，我內心有保留，可是，我不能明言：「若我死了，對你可能更好；我不在，你會更親近神。」但是，我的心靈正在說着類似的話。

我最主要的問題變成：「我爲何仍活着？爲甚麼我不在進神家之列呢？爲甚麼要我回到這地——愛是如許模糊不淸、平安是如許難尋、喜樂又是如許深藏於哀痛之內？」這問題以多種形式襲我而來，而我知道要慢慢才能掌握答案。當我度過前面的年日時，這問題會一直相隨，而我亦永遠不可能完全放開這個問題。那問題把我帶到自己所受的召命的中心：一方面，要憑着一顆熱切、冀盼與神同在的心而活；另一方面，雖然未能完全得享神的大愛，卻仍受託繼續宣揚這愛。

勇於正視死亡助我更了解這召命所包含的張力。明顯地，我們不是要消解這張力，卻要深深的活出它來，直至它化爲豐盛。就死亡而言，我學到的是，我是被召爲他人而死的。最簡單的道理就是，我死的方式會影響很多人。如果我極其憤怒苦毒地死去，我留下的家人、朋友便感到混亂、愧疚、羞慚和輭弱。當我感到死亡臨近時，忽然間醒悟到自己多麼能夠影響留下來的人的心。倘若我可以真誠地說，我爲活過的一生感恩，我熱中於寬恕及被人寬恕，我充滿着盼望——那些愛我的人會繼續活在喜樂和平安中，我也深信那位呼召我的耶穌會引領所有與我生命有關的人。倘若我可以這樣做的話，那麼，在臨終的一刻，我可以表露的眞正屬靈自由，比我一生年日所表露的會更大更多。我打從心底深深的體會到，死亡是生之最重要的一項舉動，它牽涉到把別人捆綁在罪中，還是以感恩的心釋放他們的選擇。這個選擇在於揀選讓人得生命的死，還是揀選使人受傷害的死。我知道很多人帶着深沈的感受活着，覺得自己沒有爲死者做自己想做的事，不知道如何去醫治這縈繞心頭的歉疚。臨終的人有這獨特的機會，去釋放他們遺下的人。在我的「臨終時刻」，最令我有强烈感受的，就是自己對那些爲我的死亡傷痛的人的責任。他們哀悼我時，會是帶着喜樂，還是帶着愧疚；帶着感恩，還是帶着懊悔呢？他們會覺得被遺棄了，還是感到得着釋放呢？有些人曾深深地傷害過我，我亦曾深深地傷害過一些人，而我的內心世界一直受他們影響。我曾嘗過實在的誘惑，想在憤怒和愧疚中緊抓着他們不放。然而，我亦知道自己可以選擇放開他們，並且完全向基督裏的新生命降服。

我深切渴望藉着耶穌與神合一，並不是因為鄙視人際關係，而是因着對眞理的深刻領悟，就是在基督裏辭世實在可以是送給別人的最大禮物。依這觀點，生命就是一段長長的預備旅程——準備自己，眞正為他人死。那是一連串細微的死亡，我們在其中要放開種種緊抓着的形式，也要不斷從倚賴別人發展至為他人活。從童年到青少年、從青少年到成年、從成年到老年，我們會通過很多歷程，在其中不斷有新的機會去為自己選擇，以及為別人作抉擇。在這些變遷歷程中，問題不斷冒升，逼使我們面對種種困難的選擇。那些問題有：我想要權力還是要為人服務？我想要顯名聲還是默默耕耘？我要為一番成功的事業去努力，還是履行自己的召命？根據這意思來說，我們可以把生命當作是一段向自己死的悠長過程，好讓自己能夠活在神的喜樂中，把自己的生命完全獻給他人。

當我藉着自己與死亡的相遇而細心反思時，就

明白到這種思想方式是多麼的陌生，這對那些與我同住同工的人來說是確實的，對我自己亦然。只有在面對着死亡時，我才清楚地看出——或許也只是轉眼一瞬的看見——生命是爲了甚麼。頭腦上，我早已明白向自己死這個觀念，然而面對死亡本身時，我才好像抓着全部的意義。當我見到耶穌如何呼召我放開一切，並且全然地相信如此做，我的生命才會在他人身上發生果效時，我突然間亦看出自己一直以來最深邃的召命是甚麼。

與死亡之相遇告訴了我關於身體死亡的意義，以及在死之前，必須一生之久都向自己死之意義。我相信，我這次死不去，又回到生命的衆多掙扎裏去的意義，是我已被召以新的方式去宣揚神的愛。直至如今，我所想所言的都是從時間進到永恆、從短暫的現實進到長存的實在、從經歷人的愛進到體驗神的愛。但是，在觸及「彼岸」之後，似乎應帶出一個新的見證：就是倒轉過來，從無條件的愛的地域，向這個事事都模棱兩可的世界說話。這是多麼激烈的轉變，我或許會發覺，要說一些能夠觸摸我人類同胞的心的話，竟是多麼的困難，是的，甚或是不可能的。不過，我意識到這話必定要呈現，好喚醒人心內最深的熱望。

我重新聽到耶穌向天父說的話：「他們不屬世界，正如我不屬世界一樣。求祢用眞理使他們成聖，祢的道就是眞理。」（約十七16～18）在臨近死亡那時刻所經歷過的神的愛，給予我一種更新的認知，知道自己不屬於這個世界——我們社會上的黑暗勢力。這知識更深深地進到心內，導致我更完全地接納自己的身分。我是神的孩子、耶穌的兄弟。在神的愛的親密中，我被穩妥地擁抱着。耶穌在約但河接受水禮時，聽到天上有聲音說：「這是我的愛子，我所喜悅的。」（太三17）這話揭示了耶穌的眞正身分——神的愛子。耶穌眞的聽到那聲音，祂所有的思想、言語、行爲都源於一種深邃的認知，就是神無限量地愛着祂。耶穌就憑着心內那愛的源頭而活。雖然人的棄絕、嫉妒、怨憤、憎恨深深的傷了祂，祂仍長久地拋錨在神的愛裏。在祂生命之末期，祂向門徒說：「看哪，時候將到，且是已經到了，你們要分散，各歸自己的地方去，留下我獨自一人，其實我不是獨自一人，因為有父與我同在。」（約十六32）

如今我認識到，天父在耶穌受洗時說的話，也是向我，和耶穌所有的弟妹說的。我有自我排斥和自貶的傾向，這令我不易眞正聽到這些話，和讓這些話沈潛於心靈的中心。但是，我一旦全然接受了這些話之後，我就從強制中得釋放，不再需要向世界為自己證明甚麼，並且可以活在世上卻不屬乎世界。我一旦接受了自己是神所愛的，且是神無條件地愛着的孩子這個道理之後，我就可以受差遣進入世界，像耶穌一樣說話行事了。

我所面臨的一件巨大的屬靈任務，就是要完全相信自己是屬於神的，以致到了一個地步，我在世上可以得着自由——縱使沒有人要聽我的話語，我仍可以自由地說話；縱使我的行為備受批評、嘲笑及被當作無效，我仍可以自由地行事；我也可以自由地接受別人的愛，以及爲着世上一切神臨在的迹象而感恩。我確信，當我全然相信神已經以超出世人界限的愛來愛我時，我將會眞正能夠愛這個世界。

當我手術後醒來，了解到自己並未進入父神的家，仍活在世上時，我立刻領悟到自己已被差遣：讓那些對愛飢渴、卻常在沒法提供愛的世界裏去鑽去找愛的人，得知神那擁抱一切的愛。

如今我明白到，「叫人得知」，基本上並非字眼、爭辯、言語、方法的問題。關鍵在於如何活在眞理中，不忙於說服人，只重於以身作則。這是見證的方法。在被差回的同時，我仍然應該留在那邊；在時間中探究人類追尋的同時，我應要活在永恆中；在我把自己貢獻給別人之同時，我必須屬於神。

一經接觸上永恆，就好像不可能再視之爲未存在一般來陳述。耶穌向世人說的話，是源於祂與天父親密而牢不可破的交通，從而把天與地接上了。祂向尼哥底母說：「我們所說的，是我們知道的；我們所見證的，是我們見過的。」（約三11）我能否像耶穌一樣，爲所見的作見證呢？可以的，我可以活在神裏面，向人類現實處境說話。我既能熟知永恆不變的事物，亦能在流逝的事上看出箇中意義；我既能居於神的家內，亦能安住在人類的家中。受着生命之糧的培育，我就可以爲那些快要缺糧至死的人爭取公義。我可以得嘗不屬這世界的平安，而參與人類的掙扎，謀求在地上建立公義與和平。我可以相信自己多少已經達到了那地步，並且可以從那兒開始實踐自己及他人對神無間的追求。我可以讓這個歸皈神的經歷成爲基礎，從而使我能夠處於世人居無定所、親友疏離之痛苦中。

可是，這樣亦有危險，例如虛假的安全感的危機、自以爲清晰的危機，是的，甚至是絕對主義、教條主義：那存在已久的控制欲。站在永恆向有限的時空說話，很容易被視爲一種壓逼，因爲或許還未有人發問，已經有人提出答案。但是，耶穌的整個事工是「從上面來的」，也是出於與天父之間的關係的。耶穌提出的一切問題，提供的一切答案；祂引起的一切對質，賜下的一切安慰，全都植根於祂對神那無保留的愛之認識。耶穌的事工並非是高壓的，因爲祂深深體驗過神毫無保留的愛，也不用爲別人的肯定和接納等個人需要而作事。祂是完全自由的，正因爲祂不屬於這世界，卻全然的屬於神。耶穌的事工是一切服侍的典範。因此，「從上而來」的話一定不會是獨裁的、操縱人的，或是壓逼人的。那話一定是拋錨在愛裏，那愛不但絲毫沒有那些玷污人際關係的强逼感和執着，反而大有自由以憐憫和寬恕的精神去迎對人類的苦難。

對我來說，問題在於我這次與死亡的相遇可有釋放了我，足以叫我脫離對世界的種種沈溺，以致我能夠忠於召命，即我如今視之爲從上而來的「差使」。這差使顯然包含着一個禱告、默想、靜默、獨處，及內在超脫的召命。我要不斷選擇「不要歸屬」(not belonging)，好讓我能有所從屬；選擇不受地上的差遣，以致能接受上頭來的差使。當日常生活中醉人的權勢再度冒出頭來時，神那無保留的愛的滋味也就很快消逝無蹤。當人重拾衆多日常職責時，這等事務便再度開始支配生命，那麼在病牀上所得着的生命意義等想法也會輕易消失。要保持耶穌門徒的身分、要繼續在祂的愛裏穩固、要以上面來的引導過活，在在需要極多的操練。但是，醫院裏那次經歷的眞實性是不容否定的，雖然那好像在密雲滿布的天空中，得以一瞥太陽的閃耀一樣。生活上的衆多雲堆已不再能瞞騙我，叫我認不出那給我熱和光的是太陽。耶穌說：「我就是道路、眞理、生命。」這不再只是讓我思想或默想的一句話，這話已觸及我心靈的中心，化爲可觸摸到的現實。從這個現實的觀點去看，人和事物都是眞實的，因爲他/它們都與神的愛和生命聯繫着，正如耶穌向我所顯明的。沒有了這個神聖的聯繫，人和事物都很快便失去永恆的素質，變成褪色的夢、飛逝的幻想一般。神是眞理、生命、亮光，我一旦與神失了接觸的話，我便再次糾纏於日常無際的種種「現實」中，而這等「現實」常向我展示自己，好像它們是擁有着最終極的價值。倘若我不十分明確地，而且自發地努力保持着神在自己心裏中心的位置，不用多久，那個醫院裏的經歷便只不過淪爲一般虔誠的回憶吧了。

友好們對我病愈的反應，叫我反思到我們的社會如何看生命與死亡。不約而同地，他們都恭賀我恢復了健康，又因我再精神奕奕表示感恩。雖然我對他們的關心和愛護深深感激，但是臨近死亡那段時間與神的相遇令我懷疑，「康復」是否眞的對我是最好的事。若能從這個模棱兩可的世界釋放出來，被接回天家與神共享完美的交通，豈不是更好嗎？若能離開這必有一死的世界，而安全地被神那永不朽壞的現實所擁抱，豈不是更好？到達彼岸豈不更勝於仍在路上奔馳？寫信給我的、掛電話給我的、送鮮花給我的，或是來探望我的，都好像沒有這麼想過。這並沒有叫我詫異，若有朋友病了，我也會有同樣的反應。只是，我有點奇怪，甚至沒有一人暗示過，我之得回舊有生命未必是這次意外的最佳結果。沒有人寫信說：「你已經把生命獻了給主，但這次仍未是完全與主聯合的時候，你一定感到失望吧。不過，我以同行者身分歡迎你重回到生命的奮鬭中。」無數的禮儀書籍都說出了我們渴慕在永恆的喜樂和平安中與神同處，然卻顯然沒有說出我們眞正的想望。對我的朋友來說，在這世上生活，縱使既痛苦又憂愁，但比起神那越過死亡的應許的成就，則來得更合意。我說這些話並沒有存着任何諷世的心，我太淸楚知道，自己實在與友好們並沒有甚麼分別。但是，在生命的鏡外那忽忽一瞥，叫我想到，我們如許努力地抓着今生，不正就表示，我們對使徒信經中「我信永生」這最重要的一項，已經顯得陌生。

這一切都幫助我找出回到這世界之眞正意義。我愈來愈多這樣的想法，是不是讓我多活幾年，好能夠依據彼岸而在這裏生活。神學即以神的眼光看世界，或許我得到這個機會，可以更多依着神學上的認識去生活，並且幫助別人，好叫他們不用被路過的貨車的後視鏡碰倒，也能這樣生活。

當我漸漸完全恢復健康，我發覺保羅之兩難處境——以生還是以死來榮耀基督——已經成爲我的處境。這兩難處境所形成的張力，如今亦是埋於我生活的基礎下的張力。保羅曾寫下這樣的話：

> 因我活着就是基督，我死了就有益處，但我在肉身活着，若成就我工夫的果子，我就不知道該挑選甚麼。我正在兩難之間，情願離世與基督同在，因爲這是好得無比的，然而我在肉身活着，爲你們更是要緊的。我既然這樣深信，就知道仍要住在世間，且與你們衆人同住，使你們在所信的道上，又長進又喜樂，叫你們在基督耶穌裏的歡樂，因我再到你們那裏去，就越發

加增。（腓一21～26）

重返正常生活後，我不斷禱求，盼望保羅這番話愈來愈能成爲我的指引。自從領悟到自己的死可能成爲別人的祝福以後，我如今亦知道，日後要過的生活亦同樣是祝福，因爲生與死都同樣在耶穌基督的榮耀裏有着眞正的意義。因此，沒有甚麼要憂慮的了。復活了的基督是活人的主，也同樣是死人的主，一切榮耀頌讚都屬於祂，也許路過的貨車那面鏡子觸碰我，正是要提醒我這點。

記下了死亡關口的經歷之後，不覺已過了幾個月，如今我又完全沈浸在日常生活的繁複事務上，驀然回首，不禁自問：「我能夠緊守所學到的嗎？」

最近，有人向我說：「在你還沒有痊愈那段日子裏，你整個人的心神是集中的，很多來探望你的人都感到你身上有一種平安；但是自從你康復後，你又再擔起衆多事務，以前的忐忑、舊時的焦躁，大都又跑回來了。」我必須十分着意聆聽這番說話。正當我們這緊張的社會之種種需索又來諸多騷擾時，昔日那如許眞實有力的鏡外一瞥，是否已不能令我注目於神呢？我能夠堅守着醫院那次經歷的眞理嗎？驟眼看來，好像很不可能。我所體驗的都是破碎與分離，我如何去繼續相信神的愛裏有聯合復元的能力呢？我今天所處的世界看來已經不再是那片肥沃的土壤、那片恩典的種籽可以茁長結果的土壤。眼看着推土機在四圍摧毀美麗的田園，預備在上面建築房屋，而一排排的像停車間的車輛泊在一起，由此我便知道，獨處、靜默和禱告已經如鹿兒奔逃了。空氣中似乎充斥着爭競、野心、敵對，以及一股對權勢名譽强烈欲求的氣息。與城市「發展」形成的混亂比較，深切治療病房內圍着欄的牀、約克中央醫院五樓那張牀，就顯得似乎既安全又神聖。然而還有我自己那個團體，那個屬於弱智人士和他們的輔助者的團體，他們又如何？不知爲何，我知道他們能夠使不可能的變成可能。因爲，在這個充斥着權力欲的環境裏，我的團體卻存着這許多輭弱和脆弱，以致神不斷提醒我們那愛，即在死亡關口向我展示的愛。

在醫院最後幾個星期裏，一個最能鼓舞生命的經歷就是家父、妹妹、朋友、團體成員的探望。他們肯抽時間來，他們覺得這是重要的。他們坐近我牀邊，就是單單這樣在那裏坐着。尤其是那些極度弱智的，他們的探望特別感動我。亞當，熙詩和仕富坐輪椅來，他們沒有說甚麼，但是他們都誠心誠意，這正好提醒我，自己和他們都同樣被深深的愛着。似乎他們在告訴我，死亡關口那一次經歷是眞實、可以信靠的，他們藉着靜默的同在向我說明，或許他們可以支持我忠於那次的經驗。當仕富來看我時，他在輪椅上跳動，當我擁抱他時，他吻遍了我的臉。他使這個情況回到起點，我本想去服侍他，結果是他來接觸我，且好像在說：「不要擔心，有人替我洗了澡，但是留在我身旁，那麼你便不會失去在病牀上所學到的。」

我已失去了大部分在醫院裏得着的平安和自由。我很後悔，甚至因而悲傷。我又再碰上一大堆人、很多計劃、諸多拉力。我永遠不夠時間和空間去完成一切，或是感到全然滿足。我已不再像病中那般全神貫注，我眞願我能…… 我渴望能夠重拾那光景，我和很多大忙人都有這個渴望。仕富和世上所有輭弱破碎的人並不需要去證明自己的能力，也不用達成甚麼目標，因此，他們是上天賜給我的，好把我喚回，一次又一次的，回到我昔日領悟眞理的所在。他們不用達致甚麼成就，不用守護甚麼專業，不用高舉甚麼名聲。他們永遠都需要悉心看護，永遠要倚靠人，永遠處於死亡關口。他們能夠帶領我接觸到，且叫我靠近內在與他們相似的地方——軟弱、破碎、完全依賴別人。這就是眞正心靈貧乏的地步，這就是神稱我爲有福的那個地步，也是祂向我說「不要害怕，你是我所愛的孩子，我喜悅你」的地步。耶穌的話不斷提醒我：「你們若不回轉，變成小孩子的樣式，斷不得進天國。」（太十八2～3）我領悟到，最少有一段時期，那次意外令我變得像個小孩子，並且讓我短暫地得嘗天國的滋味。如今，所有試誘我脫離童眞的誘惑都回來了。有些朋友覺得我在病中比較復元後還能付出更多，我也不覺得驚奇。不過，我不能坐候下一次意外的到來，再次指引我轉向天國。我只要張開眼睛，對準所處的世界，察看那些能夠一而再地幫助我變成小孩子的人。我十分肯定，這次意外只不過是一個簡單的提醒，要我認清自己是誰，以及認淸自己蒙召，是要成爲一個甚麼樣的人。

作　者　簡　介

盧雲（Henri J.M. Nouwen）

原籍荷蘭，著名靈修及牧養神學作家，曾於美國聖母院大學、耶魯大學及哈佛大學之神學院任教多年。一九八五年離開哈佛大學，在法國特魯斯里的「方舟團體」（L'Arche Community）生活，等候及尋索未來的「召命」。終於受「方舟團體」在加拿大多倫多市以北的「黎明之家」（Daybreak）邀請，自一九八六年起為其牧者，服事家中的弱智人士及職員，直至一九九六年九月安息主懷止。其作品包括《羅馬城的小丑戲》、《心應心》、《始於寧謐處》、《念》、《親愛主，牽我手》、《奉耶穌的名》、《與祢同行》、《鏡外》、《新造的人》、《生命中的耶穌》、《愛中契合》、《黎明路上》、《建立生命的職事》、《負傷的治療者》、《亞當》、《活出有愛的生命》、《盧雲眼中的梅頓》、《和平路上》及《安息日誌》等。

盧■雲■著■作■一■覽■表

Intimacy: Essays in Pastoral Psychology (1969)
《愛中契合》香港：基道，一九九四。

Creative Ministry (1971)
《建立生命的職事》香港：基道，一九九六。

With Open Hands (1972)
《親愛主，牽我手》香港：基道，一九九一。

Thomas Merton: Contemplative Critic (1972)
《盧雲眼中的梅頓》香港：基道，一九九九。

The Wounded Healer (1972)
《負傷的治療者》香港：基道，一九九八。

Aging: The Fulfillment of Life
(With Walter Gaffney, 1974)
《生命的頂尖》香港：文藝，一九八〇。
《流金歲月》(新版)香港：文藝，二〇〇九。

Out of Solitude (1974)
《始於寧謐處》香港：基道，一九九一。

Reaching Out (1975)
《從幻想到祈禱》香港：公教，一九八七。

Genesee Diary (1976)

The Living Reminder (1977)

Clowning in Rome (1979)
《羅馬城的小丑戲》香港：基道，一九九〇。

In Memoriam (1980)
《別了，母親》香港：基道，一九九〇。
《念：別了母親後》(重譯本)香港：基道，二〇〇〇。

The Way of the Heart (1981)

Making All Things New (1981)
《新造的人》香港：基道，一九九二。

A Cry for Mercy (1981)
《頌主慈恩》香港：公教，一九八五。

Compassion (With D. McNeil and D. Morrison, 1982)

A Letter of Consolation (1982)
《慰父書》台灣；光啟出版社。

Gracias! A Latin American Journal (1983)

Love in a Fearful Land (1985)

In the House of the Lord/Lifesigns (1986)

Behold the Beauty of the Lord (1987)

Letters to Marc about Jesus (1988)
《生命中的耶穌》香港：基道，一九九三。

Circles of Love: Daily Readings with Henri J.M. Nouwen (1988)
《愛的漩渦：與盧雲默觀》香港：公教，一九九五。

The Road to Daybreak: A Spiritual Journey (1989)
《黎明路上》香港：基道，一九九五。

Heart Speaks to Heart (1989)
《心應心》香港：基道，一九九一。

Beyond the Mirror (1990)
《鏡外》香港：基道，一九九二。

In the Name of Jesus (1990)
《奉耶穌的名》香港：基道，一九九二。

Walk with Jesus (1990)
《與祢同行》香港：基道，一九九二。

The Return of the Prodigal Son (1992)
《浪子回頭》台灣：校園，一九九七。

Life of the Beloved (1992)
《活出有愛的生命》香港：基道，一九九九。

Show Me the Way (1992)

Jesus and Mary: Finding Our Sacred Center (1993)

Our Greatest Gift: A Meditation on Dying and Caring (1994)

Here and Now: Living in the Spirit (1994)
《念茲在茲》台灣：光啟，二〇〇〇。

With Burning Hearts: A Meditation on Eucharistic Life (1994)
《熾熱的心》台灣：光啟，二〇〇一。

The Path of Freedom (1995)

The Path of Power (1995)

The Path of Waiting (1995)

The Path of Peace (1995)

Can You Drink the Cup? (1996)
《你能飲這杯嗎？》台灣：上智，一九九九。

The Inner Voice of Love: A Journey through Anguish to Freedom (1996)
《心靈愛語》香港：卓越，一九九七。

Bread for the Journey: A Daybook of Wisdom and Faith (1997)
《心靈麵包》台灣：校園，一 九九九。

Adam: God's Beloved (1997)
《亞當——神的愛子》香港：基道，一九九九。

Sabbatical Journey: The Final Year (1997)
《安息日誌——秋之旅》香港：基道，二〇〇二。
《安息日誌——冬之旅》香港：基道，二〇〇三。
《安息日誌——春夏之旅》香港：基道，二〇〇三。

The Road to Peace (1998)
《和平路上》香港：基道，二〇〇二。

Finding My Way Home (2001)
《尋找回家路》香港：基道，二〇〇四。

Turn My Mourning into Dancing (2004)
《化哀傷為舞蹈》香港：基督徒學生福音團契，二〇〇四。

Encounters with Merton: Spiritual Reflections (2004)
《遇見牟敦》台灣：光啟，二〇〇七。

Peacework: Prayer, Resistance, Community (2005)
《和平篇章》香港：基道，二〇〇七。

Selfless Way of Christ: Downward Mobility and the Spiritual Life (2011)
《向下的移動》台灣：校園，二〇一二。

Discernment: Reading the signs of Daily Life (2013)
《靈心明辨》香港：基道，二〇一五。

靈修著作精選

重整靈性生命，陶冶完善人格。

靈心明辨——在日常生活中體悟上帝的旨意
Discernment: Reading the Signs of Daily Life
盧雲、克理斯坦森、萊爾德（Henri J. M. Nouwen with Michael J. Christensen & Rebecca Laird）／黃大業 譯／HK$98

感恩
Uncommon Gratitude: Alleluia For All That is
羅雲．威廉斯、卓滌娜（Rowan Williams, Joan Chittister）著／陳恩明 譯／HK$83

禱告不是偽術——返璞歸真的祈禱
Prayers Plainly Spoken
侯活士（Stanley Hauerwas）著／禤智偉 譯／HK$68

凡事信靠：詩篇二十三篇
Trusting God for Everything: Psalm 23
簡．約翰遜（Jan Johnson）著／李小釧 譯／HK$68

敬虔操練 13 課
羅慶才 著／HK$68

當祂在十架上——與侯活士默想基督最後七言
Cross-Shattered Christ: Meditations on the Seven Last Words
侯活士（Stanley Hauerwas）著／紀榮智 譯／HK$53

我一直以為，人生是這樣走的——為生命重新導航
Breaking the Idols of Your Heart: How to Navigate the Temptations of Life
艾倫德、朗文（Dan B. Allender, Tremper Longman III）著／李小釧 譯／HK$98

尋訪古老的屬靈踐行
Finding Our Way Again: The Return of the Ancient Practices
麥拉倫 (Brian D. McLaren) 著／陳永財 譯／ HK$88

與潘霍華一同默想主的降生——41 天靈修之旅
God Is in the Manger: Reflections on Advent and Christmas
潘霍華 (Dietrich Bonhoeffer) 著／陳永財 譯／ HK$68

生命成長 17 課——學習聖靈果子和八福
羅慶才 著／ HK$68

隱藏的整全——朝向不再分割的生命
A Hidden Wholeness: The Journey Toward an Undivided Life
帕克．帕爾默 (Parker J. Palmer) 著／陳永財 譯／ HK$88

禱告與應許——給病患者的 30 天靈修指引
Prayers & Promises: When Facing a Life-Threatening Illness
艾德華．多布森 (Edward G.Dobson) 著／明朗兒 譯／ HK$68

弔詭的應許——在矛盾中擁抱生命
The Promise of Paradox: A Celebration of Contradictions in the Christian Life
帕克．帕爾默 (Parker J. Palmer) 著／陳永財 譯／ HK$68

在生命境況中尋見上帝——給當代讀者的舊約故事
Finding God in the Midst of Life: Old Stories for Contemporary Readers
包衡、哈特 (Richard Bauckham, Trevor Hart) 著／紀榮智 譯／ HK$73

學作主的門徒——與潘霍華一同靈修 40 天
40-Day Journey with Dietrich Bonhoeffer
羅恩．克盧格 (Ron Klug) 著／李金好 譯／ HK$68

歸心祈禱的操練——與上帝親密同行 40 天
Forty Days to a Closer Walk with God: The Practice of Centering Prayer
大衛．邁思勤（J. David Muyskens）著／陳羣英 譯／HK$78

扭鬥——信仰動力之所在
A Wrestling People and A Wrestling God
梅智理（Jerry Moye）著／周健文 譯／HK$88

信為何物——基督教信仰簡介
Tokens of Trust: An Introduction to Christian Belief
羅雲．威廉斯（Rowan Williams）著／陳恩明 譯／HK$78

靜修靈旅——在靜默和歌聲中默想聖經
Seeds of Trust: Reflecting on the Bible in Silence and Song
泰澤（TAIZE）著／陳翠婷 譯／HK$63

尚待揭曉——與上帝一起編寫你的未來
To be Told: God Invites You to Coauthor Your Future
艾倫德（Dan B. Allender）著／黃東英 譯／HK$88

把難處變為優勢：作蹣跚的領袖
Leading with a Limp: Turning Your Struggles into Strengths
艾倫德（Dan B. Allender）著／陳永財 譯／HK$93

把難處變為優勢：作蹣跚的領袖（習作本）
Leading with a Limp Workbook: Turning Your Struggles into Strengths
艾倫德（Dan B. Allender）著／陳永財 譯／HK$53

當我所愛的人離去了——如何在至愛離世後重新生活
Traveling through Grief: Learning to Live Again after the Death of a Loved One

蘇珊・索納貝爾提、羅伯特・德弗里斯(Susan J. Zonnebelt-Smeenge, Robert C. DeVries)著/蔣雅利 譯/ HK$63

點・閱——畢德生的藏書閣
Take and Read: Spiritual Reading: An Annotated List

畢德生(Eugene H. Peterson)著/陳永財 譯/ HK$73

與神同誦——靈閱的意義與實踐
Reading with God: Lectio Divina

大衛・福斯特(David Foster)著/陳永財 譯/ HK$78

與神相遇——認識親近神的心靈路徑
Sacred Pathways: Discover Your Soul's Path to God

加里・托馬斯(Gary L. Thomas)著/陳永財 譯/ HK$83

信靠，就是這麼簡單！
The Incredible Journey of Faith

雷・普里查德(Ray Pritchard)著/魏詩韻 譯/ HK$53

祂為愛走過—— 365 天靈修精選
His Passion

NIL /陳永財、黃東英 譯/ HK$98

寧靜源——給你的退修指引
Soul Space: Making a Retreat in the Christian Tradition

希芙(Margaret Silf)著/石彩燕 譯/ HK$58

緊扣時代 服事教會

以文字傳揚基督真道

讀者意見表

衷心多謝你購買本社書籍。本社一直致力以出版事工服事教會，幫助信徒扎根於神的話語，促進靈命增長。為使我們的出版更能滿足你的需要，請填寫下列各項資料，並寄回或傳真予本社。

所購書籍：＿＿＿＿＿＿＿＿

本書最吸引你的地方：

□作者 □適切性 □文筆 □設計 □實用性

□其他：＿＿＿＿＿＿＿＿

購買本書地點：

□基道書樓 □基督教書店 □非基督教書店

性別：□男 □女 職業：＿＿＿＿＿＿

信仰：□基督徒 □非基督徒

年齡：□ 16 歲或以下 □ 17～25 歲 □ 26～35 歲 □ 36～55 歲 □ 56 歲或以上

學歷：□中三或以下 □中五 □預科 □大學 □研究院

□我欲更多了解基道出版社的事工及考慮支持，請寄給我下列資料：

□機構簡介 □新書資料 □基道會員通訊

□《基道文字事工通訊》

姓名：＿＿＿＿＿＿＿＿ 電話：＿＿＿＿＿＿

地址：＿＿＿＿＿＿＿＿

＿＿＿＿＿＿＿＿

傳真：＿＿＿＿＿＿ 電子郵件：＿＿＿＿＿＿

其他意見：＿＿＿＿＿＿＿＿

＿＿＿＿＿＿＿＿

多謝賜教！

意見表可以傳真（2687-0281）或直接郵寄以下地址：
香港沙田火炭坳背灣街26號富騰工業中心1011室
基道出版社編輯部收